RONALDO

¡A LA CUMBRE!

2011 El 14 de febrero anuncia oficialmente su retiro del fútbol.

2009 Campeón estatal y de la Copa de Brasil con el Corinthians.

2008 Nueva lesión en la rodilla pone fin a su contrato con el AC Milan.
Empieza a usar la camiseta del Corinthians.

2007 Empieza a usar la camiseta del AC Milan.

2006 Anota tres veces en el Mundial de Alemania y se convierte en el máximo anotador en la historia de Copas del Mundo, con 15 goles en cuatro ediciones de esa competencia.

2003 Comienza a portar la camiseta del Real Madrid, de España, y gana el título y la artillería del campeonato español.

2002 Máximo goleador y campeón del mundo con la selección brasileña en la Copa del Mundo en Asia.
Elegido por tercera vez como mejor jugador del mundo por la FIFA.
El 5 de abril nace su primer hijo, Ronald. Segunda lesión grave en la rodilla lo aleja de las canchas durante 15 meses.

1999 Bicampeón de la Copa América con la selección brasileña.
Se casa con Milene Domingues.

1998 Sufre un ataque de epilepsia horas antes de la final y se convierte en subcampeón de la Copa del Mundo en Francia.

1997 Comienza a llevar la camiseta del Inter. Ganador Copa de la UEFA.
Elegido por segunda ocasión como el mejor jugador del mundo por la FIFA.

1996 Comienza a llevar la camiseta del Barcelona, en España.
Elegido por primera vez como el mejor jugador del mundo por la FIFA.
Gana el apodo de "Fenómeno". Campeón de la Copa América.

1995 Máximo goleador holandés y campeón de la Copa de Holanda con el PSV Eindhoven.

1994 Convocado por vez primera a la selección mayor de Brasil que ganaría su cuarto título en la Copa del Mundo de los Estados Unidos. Aunque estuvo en las reservas, se convirtió en campeón del mundo a los 17 años.
Vendido al PSV Eindhoven, de Holanda.

1993 Firma su primer contrato profesional como jugador con el equipo de Cruzeiro.

1976 Nace el 22 de septiembre en Río de Janeiro, Ronaldo Luiz Nazario de Lima.

ISBN-13: 978-1-4222-2605-6 (hc) — 978-1-4222-9148-1 (ebook)

Impresión (último dígito) 9 8 7 6 5 4 3 2 1
Impreso y encuadernado en los Estados Unidos.
CPSIA Información de cumplimiento: lote S2013.
Para más información, comuníquese con Mason Crest a 1-866-627-2665.

Acerca del Autor: Aldo Wandersman es periodista y publicista. Ha participado en el equipo creativo de algunas de las agencias líderes de Brasil. Desde la década de 1980 cubre las más variadas cuestiones relacionadas con temas de actualidad. Cuenta con más de mil artículos publicados en la prensa brasileña. Fue editor de cultura en la revista Fatos y ha colaborado en algunos de los principales periódicos de Brasil, incluyendo O Globo y Jornal do Brasil. Es el autor del libro "Revolución personal en la era digital", publicado por la Editora Scortecci en 2001. Apasionado del fútbol, empezó a asistir al estadio Maracaná en 1965, a los ocho años de edad. Entre las muchas competencias deportivas que ha presenciado, asistió a la última Copa del Mundo en Sudáfrica.

Créditos de las fotos: AgenciaBrasil: 7, 10, 18; EFE: 12; EFE/Alberto Estévez: 17; EFE/Ferraro: 8; EFE/DPA/Bernd Weissbrod: 23; Alexandru Cristian Ciobanu / Shutterstock.com: 2; fstockfoto / Shutterstock.com: 27 (izq.), 28; Eoghan McNally / Shutterstock.com: 26 (abajo); sportgraphic / Shutterstock.com: 1, 4, 14, 21, 24, 26 (superior), 27 (derecho).

CONTENIDO

Ronaldo en acción durante un partido de Copa del Mundo.

Un comienzo difícil

POCOS COMO ÉL CONOCÍAN TAN BIEN el camino al gol. Partía en línea recta, demoliendo las defensas del adversario con una velocidad asombrosa, y sólo se detenía cuando el balón descansaba en el fondo de la red. Más que cualquier otro jugador, Ronaldo construyó un mito en torno a la camiseta número 9, dejando su marca de goleador donde quiera que iba. Llevó puestas las camisetas de algunos de los más grandes clubes de Europa, deleitando a los seguidores de los equipos rivales de Barcelona y Real Madrid, en España; del Inter y del AC Milan, en Italia. Pero fue sobre todo con la camiseta verde amarilla de la selección brasileña que asombró al mundo como jugador líder en la conquista de la Copa del Mundo 2002 en Asia, y conviriténdose en 2006 en el máximo goleador en la historia de los Mundiales. Elegido tres veces como el mejor jugador del planeta, quizá no haya otro adjetivo más apropiado que el de "Fenómeno" para un jugador tan completo como Ronaldo.

Nacido un 22 de septiembre 1976 en el barrio Bento Ribeiro, al norte de Río de Janeiro, Ronaldo Luiz Nazario de Lima es el menor de tres hermanos de una familia de pocos recursos. Desde muy temprana edad comenzó a jugar con la pelota en las canchas desnudas del barrio para luego unirse al equipo de fútbol del club de tenis Valqueire, una modesta agrupación cerca de su casa, a donde huía cuando podía escapar del salón de clases.

Fue allí en el pequeño campo de fútbol del Valqueire donde Ronaldo desarrolló el envidiable control de pelota en espacios reducidos y la extraordinaria agilidad mental que marcaría toda su carrera. Luego vino un paso rápido por el Club Social Ramos hasta que llegó la

oportunidad de entrenar con el Flamengo, uno de los equipos más importantes de Río de Janeiro. Sin embargo, la falta de dinero para comprar cuatro boletos de autobús para trasladarse al campo de entrenamiento del Flamengo, en el lejano barrio de Gavea, terminó con el sueño de vestir la camiseta del club que su corazón amaba.

"Aquí nació el Fenómeno"

En lugar de eso, Ronaldo tuvo que contentarse con unirse a las fuerzas básicas del modesto equipo de Sao Cristovao, un club sin ninguna tradición de logros en el fútbol de Río, pero que aceptó asumir los costos del transporte para que el futuro astro pudiera asisitir a los entrenamientos. Su entrada al campo de fútbol de Sao Cristovao marcó el primer encuentro de Ronaldo con el césped. Este notable hecho llevó, años más tarde, a que el club demostrara su orgullo poniendo en las gradas un enorme letrero que decía: "Aquí nació el fenómeno".

A los 14 años su fútbol ya atraía la atención de los llamados "visionarios", empresarios informales que cazan jóvenes talentos en los clubes de la periferia. Una vez descubierto, comenzaron a ofrecerlo a dos

de los mejores: Botafogo y São Paulo, pero las negociaciones no se concretaron. Fue Jairzinho, exestrella de la selección brasileña, tricampeón en la Copa del Mundo de 1970, quien compró el pase de Ronaldo: pagó diez mil dólares al Sao Cristovao y lo terminó ofreciendo a Cruzeiro, un club de Minas Gerais.

Primer artillero con el equipo nacional

Ese mismo año, mientras jugaba en las fuerzas básicas del Cruzeiro, Ronaldo recibió su primera convocatoria para llevar la camiseta de la selección brasileña en la categoría sub-17, que participaría en el Campeonato Suramericano de Juniors, en el torneo colombiano de calificación para la Copa del Mundo en esa categoría. A pesar de la mala campaña de Brasil, con un decepcionante cuarto lugar y por primera y única vez sin poder ir a una Copa del Mundo, Ronaldo destacó y fue el máximo goleador con ocho anotaciones.

El hecho de haber destacado en la sub-17 pesó en la decisión de los dirigentes del club Cruzeiro para conservar al jugador. En 1993, a los 16 años, Ronaldo firmó su primer contrato profesional para

Fue la falta de dinero para pagar el boleto de autobús lo que terminó con el sueño de entrenar con el Flamengo, el equipo de su alma. Incluso en el modesto equipo de Sao Cristovao, Ronaldo se convirtió en el centro de atención y se ganó su primera convocatoria a la selección nacional. Desde la sub-17 demostró su vocación por la portería. Fue el máximo goleador en esa categoría, anotando en ocho ocasiones.

El exjugador Ronaldo Nazario en una reunión con el Ministerio del Deporte para tratar asuntos relacionados con la Copa del Mundo 2014.

defender los colores del Cruzeiro.

Considerado una agradable revelación, pronto tuvo la oportunidad de formar parte del equipo principal del Cruzeiro, y no defraudó. En su primer campeonato nacional con el equipo, más tarde en ese 1993, anotó 12 veces en 14 partidos, y terminó entre los tres principales anotadores de la competencia.

En algunos partidos de ese torneo, Ronaldo tuvo actuaciones memorables, por ejemplo cuando Cruzeiro derrotó a Bahía por 6-1, ocasión en la que anotó cinco veces. En la gira que hizo Cruzeiro en

Portugal, Ronaldo salió del terreno de juego en medio de la ovación de pie por parte de los aficionados portugueses, tras anotar el único gol en la victoria contra el Belenenses. Su actuación llamó la atención de los medios de comunicación europeos y, al regresar a Brasil, el Cruzeiro recibió la primera oferta por parte de un club europeo. El Inter de Milán ofreció 500 mil dólares por Ronaldo. A finales de 1993, la transferencia del jugador llegó a un valor cercano a los 10 millones de dólares.

La siguiente temporada dio inicio con el campeonato local de Minas Gerais, y una vez más Ronaldo fue lo más destacado del Cruzeiro, anotando 22 veces y convirtiéndose en el máximo goleador. No sólo Brasil, sino que ya el mundo entero empezaba a darse cuenta de que el joven tenía un extraordinario talento con el balón a sus pies.

> Entre las actuaciones más memorables con la camiseta del Cruzeiro, los seguidores nunca olvidarán los tres goles que anotó en la victoria sobre su rival Atlético Mineiro.

Ronaldo celebra un gol con el Inter de Milán en 1998.

CAPÍTULO 2

Surge "Ronaldinho"

EN MARZO DE 1994, RONALDO TUVO SU PRIMERA oportunidad para jugar con la selección mayor al ser convocado por el técnico Carlos Alberto Parreira para jugar un partido amistoso contra Argentina. En mayo, durante el último partido antes de la Copa del Mundo de 1994, marcó uno de los tres goles en la victoria sobre Islandia y con ello aseguró su inclusión en los 22 jugadores convocados por Parreira para el Mundial de Estados Unidos, repitiendo con ello la hazaña de Pelé, que a los 17 años jugó su primer Mundial.

Al llegar a la selección oficial de Brasil siendo todavía un niño, delgado y frágil, de inmediato se ganó el apodo de "Ronaldinho" para diferenciarlo de otro jugador llamado Ronaldo, un defensa del São Paulo. "Ronaldinho", una apuesta personal del técnico de la selección, no lo dejó completamente satisfecho durante los entrenamientos en Estados Unidos y estuvo en la banca todos los partidos como espectador del renombrado equipo que llevó a Brasil a ganar su cuarta Copa del Mundo.

A pesar de reiteradas peticiones de los aficionados que llegaron a presenciar la final, Parreira decidió que entrara Viola. A pesar de no haber tenido la oportunidad de participar en ningún juego, el hecho de convivir con las grandes estrellas del fútbol brasileño, especialmente Romario, además de su fuerza y su juventud, permitieron alimentar la convicción de que el mucha-

cho podía triunfar en la siguiente Copa del Mundo.

Tras los pasos de Romario

Al terminar la Copa del Mundo 94, el jugador más joven de los cuatro veces campeones del mundo era ya considerado por gran parte de la prensa especializada como la mayor revelación del fútbol brasileño de la última década. Al regresar de los Estados Unidos llegó la primera propuesta concreta por parte de un club

Sentado a la orilla de la cancha, Ronaldo fue un espectador privilegiado del sensacional juego de Romario en la Copa del Mundo 94.

europeo. El PSV Eindhoven de Holanda llevó a Ronaldo a Europa, tras pagar seis millones de dólares.

Ya desde su primera temporada en el PSV, Ronaldo fue el máximo goleador de la liga holandesa anotando el impresionante número de 67 goles en 71 partidos, ayudando así al equipo a ganar la Copa de Holanda en 1995. Los medios holandeses trataron de alimentar una rivalidad con la joven revelación del Ajax, Patrick Kluivert, pero al terminar el torneo holandés de 1995, Ronaldo había anotado doce goles más que la estrella del Ajax.

En 1995 empezaron los problemas con la rodilla derecha de la estrella. Un examen detectó una inflamación en ambas rodillas y una calcificación en la derecha, lo cual requeriría tratamiento quirúrgico, mismo que tuvo lugar en febrero de 1996. A pesar de las recomendaciones médicas de tener una recuperación lenta y gradual, en abril de ese año el jugador ya estaba de vuelta en los entrenamientos con el PSV, aunque tuvo que aguantar una buena parte de la temporada en la banca.

No satisfecho, Ronaldo empezó a soñar más alto y se dio cuenta de que su traslado a los grandes clubes de Europa era sólo cuestión de tiempo. A pesar de sus buenas actuaciones en las dos temporadas que pudo jugar, no pudo conseguir para su equipo el título de la liga holandesa. De la misma forma que había pasado con el PSV, el club Barcelona de España estaba buscando un delantero para cubrir la vacante que había dejado Romario. Los catalanes hicieron una sorprendente propuesta al club holandés, con un valor de unos veinte millones de dólares, y para mediados de 1996 Ronaldo comenzó a llevar los colores del "Barça".

Nace el Fenómeno

La presencia de Ronaldo entre los catalanes conmovió a la multitud y a todos los medios de comunicación españoles. Rodeado de grandes expectativas, el rendimiento del *crack* brasileño justificó plenamente la inversión realizada por el club. Aunque el título nacional de la liga española se quedó con el rival Real Madrid, en 20 partidos Ronaldo anotó 17 veces. En total, fueron 34 goles en 37 partidos durante los diez meses que llevó la camiseta del Barcelona; goles muy importantes que llevaron al Barça a ganar la Copa del Rey, la Supercopa española y la Re-copa, ésta última con un golazo en la final contra el equipo de Paris Saint-Germain.

Entre Ronaldo y el Barcelona hubo una química especial. Las carreras de velocidad hacia la portería, rompiendo la defensa, como un toro español que no puede ser contenido, quedarán para siempre grabadas en la memoria de los seguidores catalanes. También fue en el Barcelona que Ronaldo estableció un gesto que se convertiría en su marca de fábrica: celebrar los goles corriendo con los brazos extendidos como un avión. No había duda: el muchacho de Brasil estaba listo para emprender vuelos aún más grandes.

Los medios de comunicación españoles se deshicieron en elogios para Ronaldo. Tanto así que el muchacho de 20 años, que había llegado a España con el apodo de "Ronaldinho", empezó a recibir uno nuevo, más adecuado a sus actuaciones de alto nivel en el terreno de juego, partido tras partido, victoria tras victoria: "el Fenómeno". No parecía haber otra manera más apropiada de describir el show de talento y habilidad que Ronaldo mostraba en la cancha. A partir de entonces nunca sería sólo Ronaldo. Siempre se esperaba algo fenomenal de él.

Y así como los medios de comunicación españoles habían sido conquistados, a finales de 1996 también la prensa internacional, los entrenadores y los jugadores terminaron rindiéndose al talento del

Parecía que el destino había trazado un paralelismo con la carrera de Romario, uno de sus ídolos. Durante la Copa del Mundo 1994 en Estados Unidos, observó en silencio desde la banca a Romario hacer cosas maravillosas en la cancha. Después de la Copa del Mundo, cuando el PSV de Holanda buscaba un reemplazo para Romario, de inmediato pensó en contratar a Ronaldo, que entonces era todavía una promesa. Luego, cuando Romario se despidió del Barcelona, los catalanes tampoco dudaron y contrataron al Fenómeno para dirigir su línea de ataque.

En 1994, a los 17 años de edad, Ronaldo Luis Nazario de Lima fue convocado al equipo nacional de Brasil para la Copa del Mundo. Se encuentra en la fila superior, quinto desde la izquierda, en esta foto de la selección que ganó la Copa.

Fenómeno, elegido por primera vez como el mejor jugador del mundo por la FIFA.

El mejor del mundo por segunda ocasión

Bien adaptado al estilo de vida en España, apreciado por la prensa local y amado por los hinchas, Ronaldo y el Barcelona parecían hechos el uno para el otro. De ahí la enorme sorpresa que sacudió al mundo del fútbol, cuando al final de su primera temporada en el Barcelona se supo que el Inter de Milán había llegado a un acuerdo de por vida con

Ronaldo, con un cuantioso pago, que incluía la multa por rescisión, de 32 millones de dólares. Ronaldo estaba en Noruega jugando un partido amistoso con la selección brasileña, en preparación para la Copa América, cuando su representante le informó de la transacción con el club italiano. Sin poder ocultar su decepción de dejar a los catalanes, se declaró sin embargo feliz ante el desafío de jugar en Italia y defender los colores del Inter.

Antes de presentarse con su nuevo equipo, ayudó a ganar la Copa América en

Bolivia, marcando cinco goles para Brasil; su primer título con la camiseta verde amarilla. Con el trofeo en una mano y el Balón de Oro en la otra, Ronaldo, a punto de cumplir 21 años, se presentó ante el club milanés, que no había conquistado un "scudetto" (el título nacional de Italia) en siete años.

Su presentación en Milán paralizó la ciudad, y todo hubiera sido una gran celebración de no ser por un hecho controvertido. Consagrando en todo momento la camiseta número nueve, Ronaldo habría de reemplazarlo por el número 10, ya que el chileno Iván Zamorano no estuvo dispuesto a ceder el primero. Su debut con la camiseta negra y azul del Inter fue en un partido amistoso contra el Manchester United, que fue visto por más de 60 mil aficionados que agotaron las localidades del estadio Giuseppe Meazza.

En su primera temporada en Italia, el fenómeno demostró que el número en la espalda nada importaba. La camiseta número 10 parecía estar llegando ahora a la cima de su rendimiento, logrando con sus goles que el Inter liderara la mayor parte del campeonato italiano de 1997. Al final del torneo había anotado 25 veces, manteniéndose como subcampeón goleador con sólo dos anotaciones menos que las del alemán Bierhoff, jugador del equipo rival AC Milan, pero consiguiendo la marca como el jugador extranjero con más goles en su debut en la liga de fútbol profesional. Pero la tan deseada victoria por el título se estrellaría en el travesaño. En la final contra Juventus, una de las más controvertidas de la historia, Ronaldo recibió una falta que ameritaba un penalty y que no fue marcada por el árbitro, y el Inter terminó en segundo lugar. Por otro lado, se ganó la Copa de la UEFA. Si el año no había sido perfecto para el Inter, no se podía decir lo mismo de Ronaldo. Ganó la Copa Confederaciones por primera vez para el fútbol brasileño y, al final de la temporada, fue nombrado por segundo año consecutivo como el Mejor Jugador del Mundo por parte de la FIFA; asimismo obtuvo el Balón de Oro por parte de la prestigiada revista *France Football*.

Después de la decepción de Francia, y después de superar muchas lesiones, Ronaldo alcanzaría la redención ayudando a Brasil a conquistar la Copa del Mundo en 2002.

CAPÍTULO 3

A unos pasos de la gloria

CUANDO SE PRESENTÓ LA SELECCIÓN brasileña que disputaría la Copa del Mundo de Francia en 1998, la prensa de todo el mundo no dudaba que ésta marcaría su momento de gloria. Elegido dos veces consecutivas como el mejor jugador del mundo, el nombre de Ronaldo se hallaba rodeado de las más altas expectativas. Especialmente después de que el entrenador de Brasil, Zagallo, dejara fuera de la Copa del Mundo a Romario, lo que significaba que el Fenómeno sería el principal referente de la selección brasileña. ¿Era demasiada la responsabilidad sobre sus hombros? ¿Qué misteriosas razones podrían explicar lo que iba a ocurrir rumbo al pentacampeonato de Brasil?

En el equipo brasileño todavía había jugadores de aquella escuadra que había levantado la Copa del Mundo cuatro años atrás, la de Estados Unidos, bajo el mando de Parreira, incluyendo por supuesto al capitán Dunga. Sin duda Ronaldo era la estrella. Esto resultó evidente antes, durante y después de los entrenamientos, con cientos de periodistas compitiendo por llamar su atención, mientras Ronaldo trataba de satisfacer las demandas de todos sus patrocinadores.

Tal vez no era una selección muy brillante, pero era efectiva, compitiendo en un momento en que la mayoría de los equipos europeos estaban fuera de temporada, igual que la siempre temida Argentina. Como era de esperarse, Brasil

pasó con cierta tranquilidad la primera fase del torneo pero, y eso sí fue sorprendente, sin muchos goles de su mayor estrella. Ronaldo anotó sólo una vez en el partido contra Marruecos, en el que Brasil ganó 3-0. En el choque en los cuartos de final contra Chile fue Iván Zamorano, su compañero en el Inter, quien condujo el partido. Ahí Ronaldo demostró lo decisivo que podría ser en las pretensiones de Brasil por ganar su quinta Copa del Mundo. Anotó dos goles para lograr aquella victoria brasileña por 4-1. En las semifinales, contra el siempre peligroso equipo de Holanda, Ronaldo anotó un gol y logró el empate que obligaría a aquel encuentro a llegar a los penalties. Ronaldo convirtió su penalty en anotación y Brasil, una vez más, llegaba a una final del Mundial.

Tragedia al margen de la Copa del Mundo

Había cierto optimismo por parte del comité técnico, plenamente compartido por los hinchas brasileños. Aunque el equipo de Zagallo estaba lejos de la genialidad del equipo que había comandado en los años 70

con Pelé y Tostao, la percepción general era que llegado el momento crucial, el Fenómeno marcaría la diferencia. Iban contra los anfitriones, y aunque el nombre de Zidane podría pesar en el triunfo, pesaba también el hecho de que el equipo de "Les Bleu" nunca había ganado un Mundial; además, decía la leyenda, siempre el día se ponía verde amarillo en una final.

En medio de este clima de grandes expectativas antes de una final, en la tarde del 12 de julio de 1998, los brasileños se estremecieron cuando, antes del juego, se anunció la formación brasileña. Al comunicarse quiénes formarían el ataque de la selección de Brasil, el locutor dijo el nombre de Edmundo en lugar de Ronaldo. Algo no estaba bien; tal vez el anunciador se había equivocado. Tras bambalinas, estaba ocurriendo una pequeña tragedia y tenía que ver con la estrella del torneo. Horas antes de la decisión, durante la concentración de la selección brasileña, Ronaldo había sufrido una misteriosa convulsión.

Varios jugadores se habían despertado a media noche en París para presenciar el momento en que Ronaldo era trasladado de

En el Internazionale, por primera vez en su carrera, Ronaldo tuvo que conformarse con no llevar la camiseta número 9, que pertenecía al chileno Zamorano. Incluso sin el número nueve en la espalda, logró una temporada espectacular en el equipo de Milán, conquistando el título de goleador de la liga. A finales de 1997, el mundo del fútbol confirmó una vez más su puesto como el mejor jugador del planeta. Todo esto, naturalmente, lo convirtió en la estrella de la Copa de Francia. Pero una tragedia, que hasta el día de hoy no ha quedado plenamente esclarecida, aplazó cuatro años el sueño de ganar la Copa del Mundo.

urgencia a un hospital. Con su experiencia como entrenador o jugador en seis campeonatos del mundo, Zagallo trataba de transmitir algo de calma al equipo anunciando la sustitución de Edmundo por Ronaldo, a unas cuantas horas de jugar la final con el equipo anfitrión de Francia.

A menos de una hora del inicio del partido, el brasileño Ronaldo se presentó en el vestuario y aseguró al entrenador Zagallo que se sentía capaz de entrar al terreno de juego, pidiéndole que lo dejara jugar. La inesperada presencia del jugador dividió al equipo. Algunos defendieron la formación anunciada, con Edmundo en el ataque, y otros insistían en que el Fenómeno debía ser incluído en el cuadro. Según declararía más tarde, comentando aquel episodio, Zagallo no se atrevió a dejar a Ronaldo fuera de la final. Brasil saldría a la cancha con su número 9.

Apenas se notó la presencia de Ronaldo en el juego, sin contar un violento encontronazo con el portero Barthez, cuando cayó sobre el césped al parecer inconsciente, hecho que obligó incluso al capitán Cafú a correr cien metros para ayudarlo. El equipo brasileño estaba totalmente apático, casi caminando por la cancha, permitiendo tres goles de Francia, que finalmente levantó la Copa del Mundo por vez

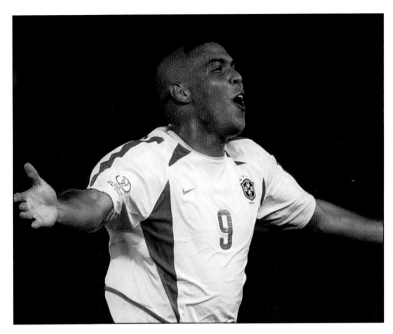

En la época en que llevaba la camiseta de Barcelona nació una marca distintiva: celebrar los goles con los brazos extendidos como avión.

primera, en un Stade de France totalmente lleno, con todo el derecho de celebrar hasta altas horas de la noche en las calles de París y en un desfile de coches por los Campos Elíseos.

No sólo no fue el Mundial de Ronaldo— de hecho, fue el de Zidane—que terminó rodeado de muchas dudas sobre su futuro como jugador, y especialmente, sobre lo que realmente había sucedido en la víspera de la final: el diagnóstico era desde simple ansiedad hasta un ataque epiléptico. Un aspecto que nunca se aclaró satisfactoriamente y sigue siendo un gran signo de interrogación sobre su condición fuera del terreno de juego.

El presidente Luis Inácio Lula da Silva recibe un regalo del goleador del Real Madrid y de la selección brasileña, Ronaldo Nazario de Lima: la camiseta número 9 que utiliza en los juegos del equipo nacional.

CAPÍTULO 4

Volver al inicio

LA TEMPORADA 98/99 COMENZÓ CON un Ronaldo todavía tratando de borrar el amargo recuerdo del Mundial de Francia, en el centro de la atención y bajo la presión de los hinchas del Inter de Milan, ahora que por fin llevaba la camiseta número 9 de los "nerazurri"—como se conoce al uniforme negro y azul del equipo milanés. Sin embargo Ronaldo estaría fuera del Inter la mayor parte del campeonato italiano—que finalmente fue conquistado por el rival AC Milan—debido a cuestiones que tenían que ver con lesiones, interminables compromisos con los patrocinadores y, sobre todo, con la selección brasileña.

Cuando fue convocado para jugar en la Copa América, demostró que todavía tenía mucho que aportar a la camiseta verde amarilla de Brasil. Anotó los dos goles en la victoria sobre Argentina en el partido de cuartos de final y otros dos frente a Uruguay, cuando Brasil ganó 3-0 convirténdose en campeón.

A su regreso al Inter para disputar la segunda ronda del campeonato italiano, sufrió la primera lesión grave de su carrera en un partido contra el Lecce. Ronaldo se rompió la rodilla derecha y tuvo que pasar cinco meses fuera de la cancha. La lesión también lo dejó fuera de la Copa Confederaciones, que ganó México en la final contra Brasil.

2000: un año para olvidar

Elegido para representar algunas de las marcas más importantes del planeta, Ronaldo se convirtió en uno de los ros-

> Pelé creó el mito de la camiseta número 10. Con su participación en la Copa del Mundo 2002, Ronaldo acababa de crear el mito de la camisa número 9.

tros más reconocibles del mundo, desde Asia hasta Europa, de África a América. Si bien muchos atribuían sus débiles actuaciones a los compromisos que tenía fuera de la cancha y a su agitada vida, siempre en el ojo de los paparazzi, Ronaldo puso un poco de orden a su vida personal al casarse, en 1999, con Milene Domingues. Una joven brasileña de delicada belleza, que también poseía una habilidad poco común con el balón, lo cual llevó a los medios de comunicación a llamarla "Ronaldinha". Del matrimonio con Milene nació Ronald, el primer hijo de la pareja, en abril de 2000.

En la fase final de su rehabilitación, Ronaldo ya practicaba con el balón y se hallaba listo para reunirse con el Inter. El 12 de abril, una semana después del nacimiento de su hijo, Ronaldo debutaría una vez más con su equipo en Milán. Grandes expectativas rodeaban el regreso de la famosa camiseta número 9, que volvía a la cancha enfrentando al Lazio, en un partido válido para la final de la Copa Italia. En la primera pelota que recibió, Ronaldo se adentró corriendo hacia la portería contraria, su marca de fábrica, y después de pasar la pierna debajo del balón para burlar al defensa del Lazio, las cámaras del mundo registraron el momento en que su rodilla derecha se colapsaba, en uno de los momentos más dramáticos que se hayan visto en una cancha.

El Fenómeno cayó al césped gritando de dolor; para muchos, ese era probablemente el punto final de su carrera. Se especuló que tal vez la recuperación debió haber sido más larga, que los patrocinadores habían presionado su regreso; el hecho es que esta vez la lesión era muy grave. Los pronósticos más optimistas hablaban de cuando menos un año para que Ronaldo pudiera volver a tener contacto con el balón.

Paciencia y persistencia, las claves para superar el destino

La temporada 2001 comenzó de la misma forma en que había terminado el año anterior, con los medios especializados cubriendo la lenta recuperación de Ronaldo, que ahora ya sin las muletas que había traído durante los primeros meses de la lesión, aparecía a menudo en el gimnasio haciendo pesas, semejante a un veterano de guerra tratando de recuperar su condición física.

Eran imágenes que entristecían a los seguidores de Ronaldo de todo el mundo, así como a los hinchas del Inter, cada vez más preocupados por su número 9, preguntándose cuáles serían las posibilidades de contar con él para ganar el título que el equipo milanés no había conseguido desde hacía doce años. Los pronósticos para el regreso de Ronaldo, por desgracia, estaban equivocados. Tendrían que pasar quince largos meses para que volviera a la cancha, lo

Ronaldo en acción con el Real Madrid. En 2002 firmó con el club por la cifra récord de 46 millones de euros. La venta de camisetas rompió todas las marcas desde el primer día. En 127 partidos con el club, de 2002 a 2007, Ronaldo anotó un total de 83 goles. Fue líder del ataque en la temporada 2003/04, ganando el trofeo Pichichi.

cual sucedió en un partido ante el Brasov de Rumania, en la Copa de la UEFA. A partir de entonces, Ronaldo entraría de vez en cuando a algunos partidos, permaneciendo casi todo el tiempo en la banca.

A principios de 2002 las cosas parecían estar cambiando para bien. El Inter, incluso sin tener a su máximo goleador en su mejor momento, era líder de la liga italiana y, finalmente, pudo ganar el Torneo Nacional. En la última ronda de la liga, el Inter jugaría contra el mismo Lazio, con el cual hacía poco más de un año había comenzado la pesadilla de Ronaldo. Era una oportunidad que el destino ponía a sus pies para demostrar a todo el mundo que todavía merecía ser llamado Fenómeno y levantar por primera vez el codiciado "scudetto".

Ronaldo comenzó a jugar desde el inicio del partido, pero vio a su equipo caer 4-2 ante el Lazio y fue reemplazado en el segundo tiempo. Lloró enfrente de las cámaras. "La decepción es mi compañera", fueron las pocas palabras que pronunció al salir de la cancha. Definitivamente, los dioses del fútbol parecían haberlo abandonado.

El esperado regreso de la selección brasileña

Con todos estos antecedentes de lesiones cada vez más preocupantes, fue con una mezcla de duda por parte de la crítica y desconfianza por parte de los aficionados que Brasil recibió la noticia de que entrenador, Luiz Felipe Scolari, había incluido el nombre de Ronaldo en la lista de jugadores que iría a la Copa del Mundo de 2002. En las calles, mucha gente clamaba por Romario, a quien habían dejado fuera en 1998 y a quien querían de nuevo para conducir el ataque brasileño.

Sin embargo, el entrenador Scolari, de fuerte personalidad, tenía ya a su selección ideal en la cabeza e hizo caso omiso de las críticas de la prensa. Estaba convencido de que debía tener a Ronaldo en el ataque. En la presentación, Ronaldo mostró la enorme cicatriz en su rodilla derecha y parecía estar completamente fuera de ritmo, debido al extenso periodo de inactividad.

Nuevamente portó la camiseta verde amarilla en un partido amistoso contra Yugoslavia, en marzo de 2002, y en mayo volvió a anotar en otro amistoso contra el no muy impresionante equipo de Malasia, en vísperas de la Copa del Mundo Corea-Japón. Lejos de enseñar aquel fútbol que había encantado al mundo, de todas formas reavivó las esperanzas de que podía ayudar a Brasil su gesta.

Al fin, el momento del triunfo

El rendimiento de Ronaldo en el Mundial de Asia superó los pronósticos más optimistas. Fue el máximo goleador, anotando en casi todos los partidos excepto contra Inglaterra, y marcó dos goles en la final contra Alemania, para un total de ocho anotaciones. Después de casi dos años de inactividad, Ronaldo sorprendió al mundo al exhibir un fútbol del más alto nivel, y junto a un inspirado Rivaldo, ayudando a Brasil a ganar su quinta Copa del Mundo.

Aclamado como héroe, se trataba ante todo de una victoria personal para Ronaldo: "En tiempos de bonanza y en tiempos difíciles, hay que tener paciencia. Las cosas ocurren como deben ser. Estoy muy contento con mi desempeño, con dos goles en la final y la victoria de Brasil. Ahora sólo quiero celebrar". El Fenómeno había vuelto y Brasil tenía muchas razones para festejar. En medio de la celebración no había razones para acordarse del desastre del Mundial de Francia, cuatro años atrás. Al preguntársele, Ronaldo se mostró inflexible: "Había una deuda. Había un cargo de conciencia."

Gracias a su gran actuación en la Copa del Mundo, confirmando su estatus como goleador del torneo, con el excepcional fútbol que lo había consagrado, Ronaldo fue elegido por la FIFA, por tercera ocasión, como el mejor jugador del mundo. Una hazaña sólo igualada previamente por Zinedine Zidane y que sólo Lionel Messi podría superar.

Ronaldo celebra después de marcar uno de sus dos goles contra Alemania.

En retrospectiva, la carrera de Ronaldo en los años previos a la Copa del Mundo 2002 se cuenta más por el número de lesiones graves que sufrió. Las cámaras del mundo registraron el momento exacto en que el tendón se salía de su rodilla derecha. Fueron casi dos años fuera de la cancha en una recuperación lenta y difícil. Ni el más optimista de los aficionados brasileños se hubiera podido imaginar que el Fenómeno volvería con una actuación memorable que llevaría a Brasil a ganar su quinta Copa del Mundo.

Ronaldo, del Real Madrid, en acción en 2004.

CAPÍTULO 5

El máximo goleador de la Copa del Mundo

DESPUÉS DE SU RENACIMIENTO EN LA COPA DEL MUNDO de 2002, Ronaldo fue codiciado nuevamente por los principales clubes europeos. Al principio, su primera opción era volver a ponerse la camiseta del Barcelona, pero las dificultades financieras del club catalán, que no tenía dinero para pagar la multa de rescisión, llevaron a la estrella a portar la camiseta de su mayor rival, el Real Madrid. Ronaldo accedió así a la pequeña galería de jugadores que han defendido los colores de los dos mejores equipos de España.

El verdadero "Dream Team"

La contratación de Ronaldo por parte del Real Madrid respondía en parte a lo que el máximo goleador había exhibido en el Mundial de Japón, pero también tenía un fuerte componente mercadotécnico. La idea del club merengue era reunir un elenco estelar—llamado "Los Galácticos"—y montar un cuadro que, al menos sobre el papel, sería invencible. Para ello ya había contratado al portugués Luis Figo, ex compañero de Ronaldo en el Barcelona, y al francés Zinedine Zidane, tres veces elegido como el mejor jugador del mundo. A este equipo de grandes estrellas del fútbol mundial todavía se unirían el brasileño Roberto Carlos y, a partir de 2004, el inglés David Beckham.

Esta constelación de superestrellas fue, sin duda, un equipo digno de admiración—cosa que se demostraba

Ronaldo se reunió con su amigo Roberto Carlos en el Real Madrid, de 2002 a 2007.

incluso en los entrenamientos, presenciados por decenas de miles de seguidores de todos los clubes. En cuanto a los resultados, no se podía decir lo mismo. Las actuaciones variaron mucho, con altibajos, empezando con el mismo Ronaldo. En su debut marcó dos goles contra el Alavés en un partido que quedó 4-2, pero durante el campeonato fue sustituido nada menos que en 22 de los 35 partidos que jugó en ese primer año en el Real Madrid. Sin embargo, aunque a menudo era abucheado y criticado por su evidente sobrepeso, Ronaldo había hecho las paces con el gol. En la temporada 2003 anotó 23 veces y ayudó a que

el Madrid alzara el codiciado título. Por extraño que parezca, era el primer título regional en la carrera del Fenómeno.

En los años siguientes, el Real Galáctico atraía más la atención de los medios por la fama que había reclutado que por su fútbol. De vez en cuando salían magníficas jugadas de los pies de Zidane, Beckham y Ronaldo, casi siempre terminadas en la red por el español Raúl. Pero era muy poco para ese millonario elenco. Al año siguiente fue cuarto lugar en la liga española, perdió la Copa del Rey ante el débil Real Zaragoza y fue eliminado en la Liga de Campeones de la UEFA. Los años 2005 y 2006 no fueron muy

Había una cierta magia en esa constelación de superestrellas con la camiseta del Real Madrid. Lado a lado, estaban algunos de los nombres más importantes del mundo del fútbol de todos los tiempos, empezando por Ronaldo y Zinedine Zidane, dos de los tres ases de la pelota que ganaron en tres ocasiones el título como mejor jugador del mundo. A esta exclusiva galería de superestrellas se uniría más tarde el argentino Lionel Messi.

En 2006 se esperaba que Ronaldo apoyase a los jugadores más jóvenes, como Adriano y Ronaldinho.

diferentes, con sólo un hecho que empeoró aún más el clima de la galaxia: el equipo rival de Barcelona levantó la copa dos veces e incluso ganó la Champions League de la UEFA en 2006.

Mundial 2006: el ocaso de la estrella

Aunque ya no brindaba el mismo fútbol que lo había hecho merecer el apodo de Fenómeno, el nombre de Ronaldo fue considerado a la hora de formar la nueva selección brasileña. Después de todo, explicaba el técnico Carlos Alberto Parreira, aunque no estaba en su mejor momento, el rendimiento de Ronaldo seguía siendo impresionante: en 127 partidos con su actual equipo, el Real Madrid, había marcado 83 goles. Por consiguiente, era natural que

Parreira lo convocara a la gesta por ganar la sexta Copa del Mundo en Alemania, 2006. Ya no sería la estrella del equipo, sino un componente importante en la formación del "cuadro mágico" formado por Kaká, Adriano y Ronaldinho, el protagonista de este nuevo equipo.

Incluso con estrellas de primera magnitud en el mundo del fútbol, los brasileños mostraron un juego decepcionante y fueron fuertemente criticados por la prensa especializada por su falta de compromiso con la camiseta verde amarilla. Sin ritmo, Ronaldo hizo de todos modos su contribución, anotando tres veces. Gracias a esto, el equipo llegó a los cuartos de final y tuvo la oportunidad de conseguir una revancha largamente esperada frente a la Francia de Zidane. Un gol de Henry en la segunda

Ronaldo disputa el balón con Dario Simic de Croacia, durante la Copa del Mundo de 2006. Aunque durante el torneo los aficionados criticaron su lentitud y sobrepeso, alcanzó el récord de más goles marcados en la historia de las Copas del Mundo.

mitad del encuentro selló el destino de la selección brasileña.

Si bien la Copa del Mundo en Alemania no fue el escenario ideal para que Brasil agregara otra estrella a su camiseta, por lo menos sí sirvió para que Ronaldo llegara a otra marca envidiable. Con los tres goles que anotó, se convirtió en el máximo anotador de Copas del Mundo, con 15 goles en cuatro partidos, superando la anterior marca de 14 goles que pertenecía al alemán

Gerd Müller declaró que no envidiaba el récord impuesto por Ronaldo, quien acababa de vencer la marca del hasta entonces máximo goleador de la Copa del Mundo.

Gerd Müller, y que había tardado más de treinta años en romperse.

De vuelta a Milán

El Mundial de Alemania marcó la despedida entre Ronaldo y la selección brasileña, un matrimonio que produjo dos títulos (1994 y 2002), un subcampeonato (1998) y la más grande artillería de todos los tiempos. A pesar del fracaso de la selección brasileña en Alemania, Ronaldo demostró que todavía tenía aliento para un par de temporadas más. Quiso negociar su regreso a Milán, pero esta vez para defender los colores del club AC Milan, el archirrival del Inter, convirtiéndose así en uno de los pocos jugadores en vestir la camiseta de los dos mejores equipos italianos.

Cuando se sometió a las pruebas de salud en su nuevo club, la junta médica descubrió que Ronaldo sufría de hipotiroidismo, razón de su constante sobrepeso. Enfrentó el problema y perdió cinco libras; así pudo presentar una silueta más cercana a la de su época con el Inter. En Milán, Ronaldo estaba acompañado de otros dos brasileños ilustres, Kaká y Pato, formando un trío al que la prensa italiana llamó "Ka-Pa-Ro".

Portando la camiseta número 99, ya que la 9 estaba con el delantero Inzaghi, Ronaldo parecía una apuesta segura para el Milan, y lo demostró a partir de su segundo partido, anotando dos goles y dando el pase para un tercero en la victoria contra el Siena. AC Milan tenía pocas posibilidades de ganar el campeonato italiano, dado que había comenzado el torneo con ocho puntos negativos en castigo por su participación en un escándalo del año anterior. Quedaba al club milanés la Copa de la UEFA, pero en esta competencia no podría contar con el Fenómeno, ya que él se hallaba todavía ligado al Real Madrid y el reglamento prohibía a un atleta jugar para dos clubes. Ronaldo tuvo que ver desde las gradas a sus compañeros levantar la copa.

La temporada de 2008 tenía por tanto que ser memorable, y a partir de enero en un encuentro contra el Nápoles se confirmaron los mejores pronósticos. En una exhibición de gala, Ronaldo anotó dos goles en la victoria de 5-2 sobre los napolitanos, con una actuación espectacular por parte del dúo Kaká y Pato. Parecía que sería un año de grandes celebraciones, hasta que llegó el partido contra el Livorno, un mes después, y el Fenómeno se enfrentó una vez más a su peor pesadilla. Después de reemplazar a Gillardino en el segundo tiempo, en sus primeros segundos en el campo dio un salto en el aire y se rompió el tendón rotuliano de la rodilla, la misma lesión que lo había sacado de las canchas en 1999. Esa fue la conclusión de la dramática temporada final de Ronaldo en Italia, pues por causa de esa lesión, el Milan decidió no renovar el contrato.

El pase a Corinthians

Después de su adiós al fútbol italiano, Ronaldo se trasladó a Río de Janeiro, su ciudad natal, y pasó por un largo período de recuperación haciendo uso de la infraestructura del Flamengo, el equipo de su corazón, el mismo al que no había podido unirse al comienzo de su carrera debido a la falta de recursos. Parecía que el jugador podría realizar el sueño de su infancia de vestir la camiseta roji negra del Flamengo en cuanto pudiera volver a la cancha. La expectativa de la gente aumentaba día a día. Para sorpresa de todos, sin embargo, terminó acercándose a Corinthians, y en diciembre de 2008 fue presentado a los aficionados del club en una gran fiesta.

Catorce años después de salir de su país, Ronaldo volvía a una cancha brasileña. Todavía en las etapas finales de recuperación de su lesión en la rodilla, entraba a algunos partidos. El primer partido era el clásico contra Palmeiras, en el que anotó su primer gol para el Corinthians a los 47 minutos, después del tiempo regular, y los medios de comunicación elogiaron la hazaña con grandes titulares en los principales diarios del mundo.

Ronaldo fue un factor decisivo en la campaña que culminó con el título regional de 2009, habiendo anotado ocho goles en diez partidos, y también en la conquista de la Copa de Brasil, que aseguró la participación del club en la Copa Libertadores del siguiente año. Sin embargo, al ser eliminados en este torneo, y verse roto el gran sueño del club en el año de su centenario, se generó una enorme frustración y hubo fuertes críticas contra el ídolo. Una eliminación en 2011 incrementó todavía más el desgaste con la gente.

Adiós a la cancha

Después de la descalificación en la Copa Libertadores, Ronaldo se dio cuenta de que había llegado el momento de poner fin a su carrera. El 14 de febrero de 2011 convocó a una rueda de prensa para anunciar oficialmente su despedida. "Después de una nueva lesión, lo pensé mucho en casa y decidí que era hora. No quiero esperar más y de hecho estaba dando más de lo que jamás pensé que podría. Es muy difícil abandonar lo que te hace feliz, tienes tanto amor por ello, y podría seguir porque mental y psicológicamente todavía quiero. Pero también tengo que asumir algunas derrotas, y ya perdí mi cuerpo", dijo un Ronaldo visiblemente emocionado.

El anuncio del retiro de Ronaldo fue noticia en todo el mundo. El sitio web oficial de la FIFA estampó la frase "Siempre un Fenómeno" para comentar la despedida del máximo goleador en la historia de las Copas del Mundo. En Francia, "L'Equipe" puso una foto de Ronaldo con la Copa FIFA del 2002 e informó que la rueda de prensa de Corinthians estaba llena de periodistas, incluso fuera del recinto. El "Daily Mail" de Inglaterra llamó al fenómeno "leyenda brasileña" y recordó que Ronaldo lloró mucho cuando dejó las canchas. Pero quizás el mejor titular surgió en Argentina: "El gol está triste", escribió el periódico "Olé".

Un nuevo papel en el fútbol

Lejos de las canchas, Ronaldo continuó su exitosa carrera como empresario en el ramo del deporte, trabajando en la gestión de carrera de atletas de diversos campos, incluyendo fútbol, lucha libre y atletismo.

Mientras Brasil se prepara para organizar la próxima Copa del Mundo, Ronaldo ha aceptado la invitación para fungir como "embajador", un puesto similar al que ocupó Franz Beckenbauer en 1974 y Michel Platini en 1998. El Fenómeno será el rostro de la Copa del Mundo de Brasil en 2014. Un homenaje muy apropiado para uno de los jugadores más grandes de todos los tiempos.

BIBLIOGRAFÍA

Bueno, Eduardo. *Futebol: A Paixão do Brasil*. São Paulo: Editora Leya, 2011.

Geringher, Max. *Almanaque dos Mundias*. São Paulo: Editora Globo, 2010.

Leite, Milton. *Os 11 Maiores Centroavantes do Futebol Brasileiro*. São Paulo: Editora Contexto, 2010.

Mãximo, João, y Marcos De Castro. *Gigantes do Futebol Brasileiro*. São Paulo: Editora Civilização Brasileira, 2011.

Ubiraja Nassar, Luciano. *Os Melhores Jogadores de Futebol do Brasil*. São Paulo: Expressão & Arte Editora, 2010.

RECURSOS DE INTERNET

www.istoedinheiro.com.br

Sitio de una de las más importantes revistas de negocios y noticias de Brasil.

www.veja.com.br

Sitio de la principal publicación de actualidades de Brasil.

www.uol.com.br

Sitio del principal portal de Brasil.

www.globoesporte.com.br

Página de uno de los principales canales deportivos de la televisión brasileña.

www.fifa.com

Sitio oficial de la principal organización del fútbol.

ÍNDICE ANALÍTICO